优秀小学生的
56个习惯

李静 著

苏州新闻出版集团
古吴轩出版社

图书在版编目（CIP）数据

优秀小学生的56个习惯 / 李静著. -- 苏州 ： 古吴轩出版社, 2024. 9. -- ISBN 978-7-5546-2422-7

Ⅰ. G625.5

中国国家版本馆CIP数据核字第2024LP0354号

责任编辑：俞　都
见习编辑：刘雨馨
责任校对：蒋丽华
监　　制：穆秋月
策划编辑：吴　静
插图绘制：格里莫伊文化创意
版式设计：崔　旭
装帧设计：焱　玖

书　　名：优秀小学生的56个习惯
著　　者：李　静
出版发行：苏州新闻出版集团
　　　　　古吴轩出版社
　　　　　地址：苏州市八达街118号苏州新闻大厦30F
　　　　　电话：0512-65233679　　　邮编：215123
出 版 人：王乐飞
印　　刷：天宇万达印刷有限公司
开　　本：670mm×950mm　　1/16
印　　张：11
字　　数：88千字
版　　次：2024年9月第1版
印　　次：2024年9月第1次印刷
书　　号：ISBN 978-7-5546-2422-7
定　　价：49.80元

如有印装质量问题，请与印刷厂联系。0318-5695320

养成好习惯，成就好未来

　　我国古代著名的思想教育家孔子说："少成若天性，习惯如自然。"这句话的意思是小时候养成的习惯就像人的天性一样自然、坚固，很难改变。著名的教育家叶圣陶也说过："什么是教育？简单一句话，就是要养成良好的习惯。"所以，从小培养孩子的良好行为习惯是每个家长的共同愿望。习惯的养成并不是一朝一夕的事，需要我们有耐心，坚持做下去。习惯能够塑造一个人，一旦养成了坏习惯，就会受害终身；相反，养成了一个好的习惯，将会受益终身。

　　学习的习惯，决定了你的学习成绩；生活的习惯，决定了你的身体健康；交友的习惯，决定了你的社交圈子；品德的习惯，决定了你的教养和做人准则……

小学阶段是孩子性格行为和习惯养成的关键时期，抓好习惯，再谈成绩，这些习惯必须在孩子小的时候培养。

　　《优秀小学生的56个习惯》是专为小学生量身打造的一本好习惯养成自助指南书。

　　全书从品德、礼仪、学习、自律、生活、交友、行为、社交八大主题习惯切入，通过漫画形式，从孩子的视角出发，为孩子讲述养成好习惯的重要性和必要性，让孩子从内心受到启发，按照书中所指导的方法，逐步完善自己，让自己成为有教养、受欢迎、成绩优、高情商的人。

目 录
CONTENTS

第一章

品德好习惯——让孩子有素养

感恩父母，会说暖心话

母亲节快到了，我要亲手制作一张贺卡送给妈妈，表达我对妈妈深深的爱。写什么话好呢？

工作一天好累呀。

哼，我上一天学还累呢，比你们大人累多了。

提示：这样的回答，会让妈妈觉得孩子不体恤大人，有点难过。

工作一天好累呀。

妈妈您辛苦了。我给您倒杯水，您先歇一歇。

提示：这样的回答会让妈妈感到很温暖，孩子很贴心，再辛苦都值得！

我们要**体谅父母，关心父母，孝敬父母，感恩父母**。跟父母说话更要有礼貌。

如果你跟爸爸妈妈说话总是出言不逊，喜欢顶撞父母，一定要改！

感恩爸爸妈妈，暖心话可以这样说

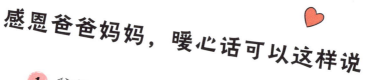

1 爸爸，您就像一棵大树，庇护着我成长，您辛苦了，请您一定要注意身体呀！

2 妈妈，感谢您为我做的每一顿饭，感谢您每天陪我学习、做游戏，我好爱您呀！

3 妈妈，今天虽然是我的生日，但您冒着生命危险生下了我，抚养我长大，您辛苦了！我爱您，妈妈。

4 爸爸妈妈，感谢你们给我生命，教我做人的道理，陪伴我成长。我一定会记住你们的养育之恩，长大后好好孝顺你们，祝愿你们永远健康。我爱你们！

自觉遵守公共场合的
规则和制度

有一次去看演出，剧情实在太有趣了，我禁不住站起来大声笑，结果大家都说我没有公德心，我好难过……

1 乱丢垃圾

走在路上随手乱扔垃圾，即便垃圾桶近在咫尺也视而不见。

2 随意插队

在公交车、公园、餐厅等公共场所，不遵守秩序，随意插队，肆意妄为。

3 追逐打闹

在马路上肆意追逐打闹，不注意身边车辆及路人的安全。

4 损坏公物

在公共场合，为自己方便，攀爬、损坏隔离带及社区健身器材等。

5 随地吐痰

嗓子不舒服、感冒，在公园、马路、公交车，甚至餐馆随地吐痰。

这些行为都不可以！

文明公约

① 自觉排队，不加塞。

② 爱护学校、公园的花草树木和公共设施，不乱踩绿地，不随手折花枝，不乱涂乱画。

③ 上下学排路队，红灯停，绿灯行，不乱穿马路，不在马路上追逐打闹；过路口时，注意避让车辆。

④ 乘坐升降电梯时先出后进。

⑤ 观看演出、比赛等活动时遵守场馆秩序，服从现场管理，保持场馆整洁，文明喝彩助威。

⑥ 在公共场合遵守纪律，不大声喧哗，举止文明，不随地吐痰，不乱扔垃圾。

到了公共场所，应该这样做

不管承诺有多小，都要信守

上周，我的同桌说她要去参加一场汇演，我只是随口一说要去给她捧场。结果她昨天演出，看我没有到场，就说我不守约定，再不和我玩了。

我们经常会脱口而出一些话，比如"下次一起吃饭""我有这本书，改天借给你看"……这些话就是小小的约定。如果我们信守约定，就会让对方感到"啊，原来不是一句客套话"，会给对方留下真诚、守信的好印象。你要知道，承诺不管有多小，都要信守。明天去跟同桌真诚地道个歉吧。

1 你和同学约好了周六一起去图书馆学习，但是你因为懒惰或者其他原因没有去。

不想动　不想动

2 你跟妈妈承诺，这次考试一定要考进前十名。考试时，你偷看了其他同学的试卷，虽然你得到了好成绩，但你高兴不起来。

关于承诺这件事，应该这样看待

1 许下诺言之前，要慎重、客观、理智。如果没有考虑好，就不要轻易许诺，否则会使自己陷入进退两难的被动境地。

2 考虑自己履行诺言的实际能力，做不到的事就不要去承诺。

3 许下的诺言要正义、真实，如果不符合国家的法律法规、社会道德或损害人民的利益等，就不能承诺。

4 无论在什么时候，无论面对什么情况，我们都要坚守诚信。

5 和别人约定好的事情，一定要尽力去做，不要轻易食言。如果确实难完成的，应向对方说明原由，用诚挚的态度向对方表示歉意。

尊重别人和我们 "不一样"

在日常生活中，很多人总是看不惯他人的做事方式，看不惯他人的生活习惯和喜好……

我觉得还是这件蓝色短袖更适合我。

我尊重你的想法。

世界上没有两片相同的树叶，更不会有两个相同的人，尊重他人和自己的不一样，才是一个人最高级的修养。

① 妈妈很喜欢吃榴莲，你却觉得榴莲特别臭，无法接受这个味道。无奈，每次妈妈都要躲在厨房里吃。

② 你喜欢看动画片，哥哥却说你很幼稚。

③ 奶奶喜欢穿颜色鲜艳的衣服，妈妈总说奶奶的审美很俗气。

④ 每个家庭都不一样，同学的家庭中可能没有妈妈或者爸爸，但并不妨碍你们成为好朋友。

尊重别人，可以这样做

1 观点不一样时，耐心听他人说话，不随便打断他人说话，站在对方角度，理解对方的观点。

2 听到别人的批评时，不要激动，平静地听对方把话说完。

3 不打扰他人的学习、休息、工作等，一旦妨碍了他人，要及时道歉。

4 不给同学起绰号，不歧视身体有缺陷的同学。

5 尊重他人的习惯和想法。

勤俭节约不能丢

勤俭节约是一种美德，坚决不能丢。

生活中的小事儿，
帮你养成勤俭节约的好习惯

1 爱惜学习用品，不在课本上乱写乱画，不随便撕扯作业本。

2 不随便向家长要钱，不乱花钱买零食、玩具等。

3 珍惜粮食，不挑食，不浪费饭菜。

4 节约用电，做到人走灯灭；节约用水，水龙头用后及时关紧。

5 对自己、他人、集体的财物要爱护，轻开关门窗，轻拿轻放物品。

6 多乘坐公交和地铁，尽量做到低碳环保出行。

7 不盲目追求名牌，购买自己用得到的东西，理性消费。

对待他人要宽容

　　前两天，我的100元钱不见了，我怀疑是被同桌小亮"偷拿"了，于是就指桑骂槐地说他偷了别人的东西。可今天，我在笔记本中找到了那100元钱，真是羞愧难当。我向小亮道了歉，小亮很大度，不仅没有计较，还为我找到钱而高兴。我心里更不是滋味了。

我今天无意间看见小强在偷同学的东西，他央求我给他保密。出于"义气"，我答应他不告诉老师。我这是宽容吗？

这可不是宽容啊！对于不讲道德或违法乱纪的事情，不应该盲目地纵容，应该分清是非对错。

提示：宽容≠盲目纵容和包庇

为了不得罪同学，我的同桌从来不会拒绝他人的任何要求。即使被同学欺负，他也"宽容忍让"。

一味退缩和妥协并不是宽容，反而会纵容或助长他们爱欺负人的气焰。

提示：宽容≠退缩和妥协

弟弟总是挑食，只要饭菜不合他胃口就发脾气，可奶奶总是说："孩子还小，长大了就不会这样了！"奶奶这样做是不是对弟弟的宽容呢？

当然不是。宽容不等于溺爱和纵容不良的行为，出于善意的严格和批评才是鞭策和鼓励。

提示：宽容≠溺爱和放弃严格

当与同学发生矛盾时，怎么做呢？

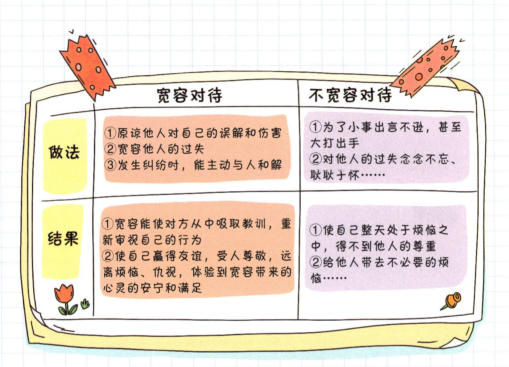

	宽容对待	不宽容对待
做法	①原谅他人对自己的误解和伤害 ②宽容他人的过失 ③发生纠纷时，能主动与人和解	①为了小事出言不逊，甚至大打出手 ②对他人的过失念念不忘、耿耿于怀……
结果	①宽容能使对方从中吸取教训，重新审视自己的行为 ②使自己赢得友谊，受人尊敬，远离烦恼、仇视，体验到宽容带来的心灵的安宁和满足	①使自己整天处于烦恼之中，得不到他人的尊重 ②给他人带去不必要的烦恼……

宽容也有原则和底线

面对同学之间的攀比，做好自己

同学之间有时会有一些攀比——

比穿着打扮：谁的衣服更时尚、更贵。

比家庭背景：谁的父母更有地位、更有钱。

比拥有的物品：谁的文具更高级。

比社交圈子：谁认识的人更多、更"厉害"。

攀比往往基于虚荣和表面，而不是真实的需求和自身的发展，容易引发焦虑、失落、嫉妒等负面情绪；过度攀比还可能让人缺乏对自身的认识和信心，影响心理健康。所以，一定要远离攀比。

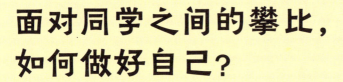

面对同学之间的攀比，
如何做好自己？

1 树立正确的价值观。每个人都有自己的独特之处和价值，要专注于自己的进步和发展，提升自己的能力，避免与他人进行过度的比较，不被外在的物质所左右，认识到攀比往往是虚幻的，不盲目跟风，保持清醒的头脑。

2 注重培养智慧和善良的内在品质，要与真正理解和支持自己的同学建立友谊，与积极向上的人交往。

3 在学习和技能上与同学较高下，不在物质上攀比。明确自己的目标和方向，为实现自己的梦想而努力，不受他人干扰。

第二章

礼仪好习惯——让孩子受欢迎

见人主动**打招呼**

害怕主动打招呼的人不止你一个，很多小朋友都害怕打招呼。但是，主动打招呼是我们与人交往的第一步，问候的用语其实都很简单，它不但能化解尴尬，还能增进友谊呢！

你好！

早上好呀！

今天天气真不错！

你好！

妈妈带我去超市买东西，路上遇到了一位阿姨，可我并不认识她，就没有主动打招呼。我肯定给妈妈丢脸了。

在路上遇到不熟悉的同学，我不知道要说什么，不打招呼又很尴尬。

 有的人因为害怕打招呼，在远远看到同学时就会故意躲开。其实，只要克服害羞的心理，交往就简单啦。

 那要怎么克服害羞心理呢？

 你就想"今天我和小伙伴打招呼了，下次他就会主动和我打招呼了"。其实呀，打招呼是一种"魔法"，它可以让你交到更多的朋友。

克服害怕主动打招呼的心理，可以这样做

学会自然地问候

　　遇到认识的人，简单说一句问候语就好，如"你好""早上好"等，最好能加上问候人的称呼，表示你很重视他。

用夸奖的方式打招呼

　　用夸奖的方式来和对方打招呼会更容易得到对方的回应，如"早上好！你今天的衣服很漂亮哦！"等。

管理好面部表情

　　和别人打招呼时一定要记得保持微笑，看着对方的眼睛。

不要随便
打断他人说话

你先听我说……

　　随便打断别人说话或中途插话，是有失礼貌的行为，往往会在不经意之间破坏自己的人际关系。

① 我和小美正在热火朝天地讨论着昨天看的电影，小明过来就说他新买的一个玩具飞机有多好玩，他这样半路杀进来，真是让人猝不及防。

② 我想问妈妈下午要带我去哪里玩，但看到妈妈正在打电话，那就等她打完电话再问吧。

③ 我的同桌表现欲望特别强烈，每次老师提问，他都不等老师把话说完就抢答，大家都有点儿烦他。

不要打断我说话!

当与人交谈时，
请做到以下几点

1️⃣ 不要抢着替别人说。

2️⃣ 不要用与话题无关的事来打断别人的话。

3️⃣ 不要用无意义的评论打乱别人说话。

4️⃣ 不要急着帮别人说话。

5️⃣ 不要为了自己鸡毛蒜皮的小事打断别人的正事。

随便打断他人说话是对他人不尊重的表现。我们要想得到他人的尊重，就要先学会尊重他人。

你可要做个尊重他人的人哦。

那必须的。

不对别人喜欢的东西做负面评价

　　妈妈给我新买了一条裙子，我觉得非常好看，可同学却说"这裙子质量一般，穿起来还会显得皮肤黑"。我的快乐莫名就被"打折"了，原本喜欢得不得了的裙子，越看越不顺眼了。

1 生日的时候，我收到了好朋友送的礼物，正开心着呢，这时候有人说："这个我见过，当时正在搞特价，特别便宜，但我觉得并不好看就没买。"我听后一下就不开心了。

2 我向好朋友分享了一部我非常喜欢的电影，但我的朋友并不喜欢，还说了很多贬低电影的话，让我感到非常难过。

不对别人喜欢的东西做负面评价，是一种教养。

演得一点儿都不精彩。

哇！电影简直太好看了！

别人喜欢的东西，
你恰巧不喜欢，你要这样做——

　　每个人都有自己的价值观和审美观，这些都是在我们成长过程中逐渐形成的，受文化、背景、教育等多方面因素影响。因此，我们应该尊重每个人的喜好，不要随意贬低或抨击。用理解和尊重去对待他人的喜好，用包容和接纳去感受不同的观点和文化。不贬低别人喜欢的东西是一种尊重，也是一种美德。

当自己喜欢的东西遭到
别人的诋毁时，你要这样想——

　　对方并不是针对我，而是他的喜好与我不同。我没有必要因为他人与我的喜好不同而感到自卑或不安，我需要做的是尊重他的喜好，同时也坚持自己的喜好。

自己喜欢最重要。

借了别人的东西要好好爱惜，及时归还

　　同学总是跟我借东西，我不好意思拒绝，所以每次都同意了。这次，她借走了我最喜欢的故事书，总说"明天还"，可过了一个多月也没有还我。我今天生气地跟她说："必须今天还我。"没想到，我的故事书变成了这个样子，她还说我是小气鬼，我真是太难过了。

你身边有这样的人吗？

1 我把书借给同学看，当问他
什么时候还的时候，他振振有词
道："哎呀，那个我放家里了，明
天，明天一定给你带回来。"但过了一个又一个明天，
也不见书回来！我不好意思再继续追问，就这样不了了
之了。

2 考试时同桌忘带圆规了，我好
心把圆规借给他用，可考完试他并没有
还给我。后来我找他要，他不仅不感激
我，还很生气地说："一个破圆规值几个
钱，还要整天追着我要，明天我还你两
个。"真的是我太小气吗？

3 一个雨天，同学没有带伞，我
好心和他撑一把伞，把他送回家，他到
家门口却说："你看，你把伞都撑在你那
边，我的衣服都淋湿了。"我看了看自
己被淋湿的衣服，真是一肚子气。

借别人东西时，
你要明白这些道理

1 别人借给你东西不是必须的，切不可当成理所当然

我们都有过急着用某样东西，而自己当时恰好没有的经历，而别人好心，及时雨般的把东西借给了你。这时候，千万不要把别人对你的帮助当成理所当然。

2 借的东西不在于价格多少，不要因为便宜而不还

千万不要觉着这个东西没多少钱，还不还都无所谓。这个东西始终是别人的，不是你的。

3 借东西≠占为己有，及时归还才有教养

不要以为借来的东西是别人不常用的，就不归还。借东西及时归还才是有教养的行为，下次再借才不难。

不客气！

谢谢你借给我这么好看的故事书，还给你！

尊重同学，
不起哄不嘲笑

　　每次站起来回答问题，我都很紧张，其实我都会，但就是结结巴巴半天也答不上来，而且同学越是笑，我就越是答不上来，那个时候真想找个地缝钻进去……

1 我唱歌跑调，音乐课上同学们都在笑我，我心里难过极了。

2 体育课上，我做仰卧起坐的动作不标准，同学们故意模仿我的动作，还哈哈大笑。

3 我今天肚子胀气，上课的时候没忍住，放了一个屁，同学们哄堂大笑，我尴尬得都想哭了。

4 我和小美经常一起上下学，可身边的同学总是瞎起哄，说我们以后就是一家人了。唉，听后真让人无奈！

哎

与同学相处时，你该这样做

1 认真倾听同学讲话，不要东张西望，不要取笑同学，也不要起哄。

2 不要给同学起外号，真的很伤人。

3 不要议论同学的私事，包括他家里的事，要尊重同学们的隐私。

4 尊重同学的家人，尊重同学父母的穿着、信仰、职业，等等。

5 同学之间地位平等，不要因为对方条件好就自卑，也不要因为对方条件差就骄傲、炫耀。

做错了事要敢于道歉

做错事要勇于承认错误，不仅要说"对不起"，还要明白自己哪里做得不对，然后想办法弥补，这样做才会交到更多的朋友。

光说"对不起"不行，还要把小弟弟扶起来呀！

对不起，我不是故意的。

道歉，不是说句"对不起"这么简单

1 课间，同桌小明在教室追跑，把我桌上的课本都碰掉了，可他只是随口说了句"对不起"就转身跑了，也没有把课本捡起来。我感觉这句"对不起"非常敷衍。

2 朋友来我家坑，可他进门没有换鞋，把地板踩得脏脏的。朋友看到后，立刻向妈妈表达了歉意，并和我一起把地板擦干净了。

3 我和小明一起踢球时，不小心把球踢到了绿化带里，球还沾上了很多泥巴。我真诚地向小明道了歉，并把球擦干净了。小明没有生我的气。

做错了事，要想真心希望别人原谅，就要承担起相应的责任。

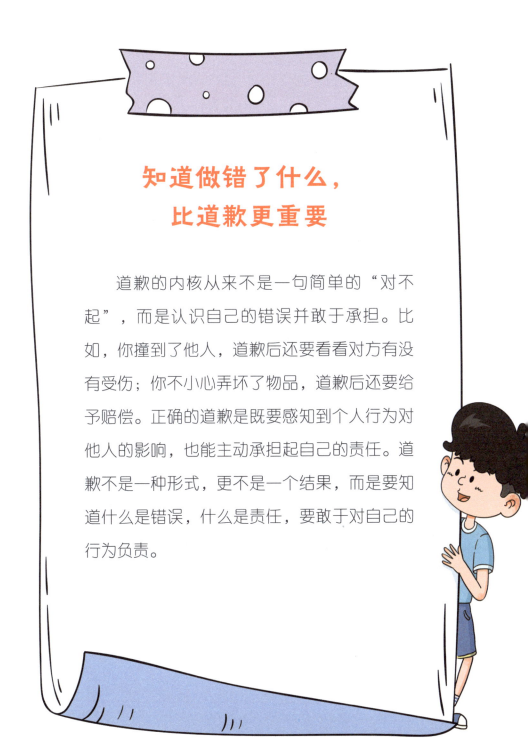

知道做错了什么，
比道歉更重要

　　道歉的内核从来不是一句简单的"对不起"，而是认识自己的错误并敢于承担。比如，你撞到了他人，道歉后还要看看对方有没有受伤；你不小心弄坏了物品，道歉后还要给予赔偿。正确的道歉是既要感知到个人行为对他人的影响，也能主动承担起自己的责任。道歉不是一种形式，更不是一个结果，而是要知道什么是错误，什么是责任，要敢于对自己的行为负责。

第三章

学习好习惯——让孩子更优秀

善于提问题是陪伴终身的学习能力

今天，老师采用了一次开放式的讲课方式，让同学们自己提问，然后再找出解决问题的方法。同学们提问都很积极，可小美没有提过一个问题……如果上课不积极参与，照这样下去，她会跟不上同学们的。

为什么有的孩子不善于提问呢？

① 学习没有系统性，没有打好基础，跟不上班级教学的进度。他们可能什么都不懂，也不知从何问起，理不出头绪，想提问，又不知道问什么。

② 不求甚解，不爱动脑筋，心想这些问题反正别的同学都会问到，只要注意听就行了，懒得提问。

③ 胆小，不敢在同学们面前表达自己的想法，生怕自己提出的问题被老师和同学笑话，怕别人都懂就自己不明白，让别人觉得自己很笨。

④ 讨厌学习，热情不高，干劲不足，上课如坐针毡，巴不得早点下课，根本没有考虑要提的问题。

没有头绪
讨厌学习
不想动脑
胆小

如果在课堂上不敢提问或者不愿意提问，该怎么办呢？

很多人都认为只要学习好就行了，会不会提问没有什么关系。这种观点是错误的，因为很多东西问了才能有长进，有的问题自己冥思苦想不得其解，可经别人轻轻点拨一下，就豁然开朗了。

把不会的题目弄明白是我们学习的目的，课堂上向老师提问只是弄明白题目的一种方式而已。如果课堂上不敢向老师提问，我们可以课后向老师提问，也可以找身边的同学请教，还可以回家找父母帮忙，这些方式都可以。我们可以通过自己的努力，用自己最喜欢的方式，达成想要完成的目标。所以，即便没有在课堂上提问，也并不是什么大不了的事情。

上课认真听讲，
积极发言

　　每天去上学，妈妈都不忘嘱咐我一句："上课要认真听讲！"我知道，课堂学习是我们获得文化知识的最主要的途径，如果课堂学习效率低，就会直接影响学习成绩。课堂上不仅能学到知识，还能学习思维方法，锻炼我们分析问题的能力。所以，用好课堂上的40分钟真是太重要了！

① 课堂上，坐得很端正，眼睛一动不动地盯着黑板，貌似在认真听课，实际上脑袋里早已思绪万千，想的全是与学习无关的事情。

② 上课的时候，总是拿着笔不经意地在本子上乱画，大脑里一片空白，根本没有听到老师在讲什么。

③ 上课总是静不下心，也不能专心听老师讲课，心里一直盼着快点儿下课，这样上课时间就显得特别漫长。

④ 上课总喜欢东张西望，小动作也特别多，经常被老师点名批评。

注意力不集中

走神

小动作

总想着玩

要想提高课堂的学习效率，你应该这样做

认真听

聚精会神地听讲，紧跟老师的思路，充分理解老师讲课的内容，理解老师讲课时节奏快慢、声音高低、重音停顿的含义。

仔细记

课堂上要记好课堂笔记，记录知识框架、重难点、疑问点、易错点，把老师补充的内容、典型案例记录下来。

积极思考，带着问题听课

带着问题听课，能增强听课的针对性，还能促使自己积极动脑，紧跟老师的教学节奏，及时理解和消化课堂内容。

不懂就问，敢于发言

如果知识点没有听懂，千万不要不懂装懂，最好当堂问老师，这样在解决疑惑的同时还能够加深印象。

如果课堂上没有时间，课后也要及时问。

做好预习和复习

　　做任何事情，如果事前做到心中有数，成功的机率就会大大提高。对于学习这件事来说，要想做到心中有数，就要学会预习。复习也同等重要，可以帮助我们加深对知识点的理解和记忆，发现和纠正自己的错误，提高学习成绩。

啊？还要预习呀？

你不要以为把作业写完了就可以了，还要预习下一节课的内容哦。

不刷题、不补课，
要想提高语文成绩可以这样做

语文预习复习的重点

预习

第一步，朗读一遍课文，圈出不认识的字，标出读音

第二步，读一遍课文，圈出不知道意思的词，搞明白意思

第三步，充满感情地朗读课文，注意断句，画出自己认为的好句子好段落

**预习重点
熟读、有感情地
朗读课文**

复习

再复习一遍第一步，生字表生词表每天听写，周末再复习一遍

第二步，教材解读死磕4个板块（多音字、解词语、近义词反义词、词语搭配拓展）

第三步，背诵要背的篇章，生字、生词

第四步，周末刷一章句式训练练习题

**复习重点
夯实基础，
形成肌肉记忆**

决定成绩的不仅仅是自身的努力和天赋，还要有好的学习习惯。

坚持每天阅读
半小时以上

　　每天睡觉前，妈妈都让我至少阅读半小时的书，有时候读故事书，有时候读一些儿童杂志，这些都不是上课需要的，我还用每天阅读吗？

　　读书能让你思想充实，精神丰盈，让你变得强大、优秀、独立，让你成为你自己，做到虚心且通透，不固陋、不偏执。

❶ 相比看书，我还是更喜欢看动画片。

❷ 爸爸每天都在刷手机，也不看书，我当然也更喜欢玩手机呀。

❸ 我的识字量不多，看着书上的字有太多不认识的，我就不喜欢阅读了。

❹ 妈妈的要求实在是太多了，我不能躺着看书，不能蜷着看书，必须要正襟危坐地看，我觉得看书好累啊。

不喜欢阅读怎么办？

① 和爸爸妈妈一起阅读。让爸爸妈妈带头阅读、示范阅读，全家人一起读书交流，营造一个好的阅读氛围。

② 以一种平和的心态对待，不能急于求成，应该循序渐进，滴水浸润。只有持久的、细水长流式的阅读体验，才能养成积极的阅读习惯。日积月累的阅读能培养我们清晰的逻辑思维能力，促进我们的学习和写作。

③ 自己安排阅读时间、阅读内容和阅读的形式，让精神放松、心灵自由，这样就能提起阅读的兴趣。

书中未必有颜如玉，书中也未必有黄金屋，但书中一定有更好的自己。

独立完成家庭作业
并认真检查

　　良好的做作业习惯，不仅有助于对知识的准确掌握，还能让我们勤于学习、善于学习、自觉学习，有利于养成做事认真、努力坚持的良好品性。

记得要认真检查哦!

我知道。

1 每天晚上，妈妈都坐在身边看着我写作业，我总是心惊胆战的，不敢下笔做题，就怕做错了妈妈突然发火。

2 上了一天班，累得要死，回来还要看着孩子做作业。看着他学习不在状态，数学题错误百出，英语和语文作业书写潦草，心里非常焦急。

3 孩子写作业的时候遇到稍微难点儿或者字数多点儿的题目，往往是题目还没读完，就嚷嚷着不会做，然后忙不迭地喊妈妈。真是令人崩溃。

独立完成作业，应该这样做

1 做好准备工作，创设一个良好的学习环境

如果你很容易受到外界环境的干扰，就在一个安静的环境中学习，把课外书、玩具、零食全都收起来，书桌上不要摆放与学习无关的物品。

2 先复习再完成作业

如果对所学的知识不是很熟悉，需要边翻书边做作业，这样不但耗费时间，而且降低了做作业的效率，也达不到通过做作业来积累知识的目的。写作业之前，先把一天学习的知识点做一个简要的回顾，不懂的地方可以向家长请教，然后再做作业。

3 把做作业当成考试

根据作业的内容和难易程度，估计一下所用时间，然后严格按照考试的要求来做作业，时间一到，就放下笔。

4 做完作业要认真检查

做完作业之后要对作业进行检查，改正错误，分析原因，寻找自己学习中的短板，并有针对性地弥补缺漏之处。

学会整理错题本

错题本学习法是一个不断将错题回炉淬炼的过程，从错题中找出知识点漏洞，并加以修正，这是错题本学习法的精髓。你也赶快试试这个方法吧！

考试前大量刷题，不如看看错题集。

做错了没有关系，把错题整理到错题本上，多做几遍就好了。

① 错得这么多，我什么时候才能整理完啊？干脆不要整理了。

② 做错的题我都改正了，会做了不就可以了，干吗还要整理到错题本上？真是多此一举。

③ 看别人整理错题本，我也跟着整理了厚厚的一沓，可除了感动自己，没有任何作用啊。

整理错题本的正确方法——
"三记"与"三不记"

三记

记录很多人都做错的题。

记录简单易失分的题。

记录做错超过2次的题。

三不记

不记录超出自身能力的题。

不记录还未熟练掌握的新学知识错题。

不记录明显的偏题、怪题。

　　错题本不是简单地记录错题，而是对错题进行整理、归纳、分析、反思、总结，找到自己学习过程中的易错点和薄弱点，从而进行针对性学习。

正确对待长辈的
期许

　　我理解妈妈对我的爱和期望，但这也让我背负了重担。我希望妈妈能够明白，我会努力去实现自己的梦想，希望她能给我更多的空间和自由，同时我需要她的理解和支持，让我能够以更轻松的心态去面对未来的挑战。

如何对待长辈的期许

　　长辈往往对我们有着各种各样的期许，这些期许或许是他们的经验之谈，或许是他们对我们的关爱和期望。我们应该尊重长辈的期许，但也要有自己的思考和判断。不要因为长辈的期许而感到压力过大，也不要盲目迎合他们。

　　认真倾听长辈的意见，从中汲取有益的部分，同时坚持自己的梦想和追求。在实现自己目标的过程中，与长辈保持良好的沟通，让他们了解我们的努力和成长。

以积极的态度正确对待长辈的期许，在爱与理解中不断前行。

第四章

自律好习惯——让孩子更高效

分清主和次，重要的事情要先做

　　做任何事情时，如果分不清事情的主次，做事效率就不高；做事没有条理，将无法很好地料理自己的生活，也无法很好地学习和工作。如此，在走向成功的道路上，你会比其他人走得更辛苦、更艰难。

1 我很喜欢看小说，也喜欢文学创作，所以每天课上看，课后也看，没有节制。妈妈对我说，看书、写作对学习有所促进，也是好事，但不能因此影响正常的学习。

2 每到周末，我总是玩够了才会去写家庭作业。我还常常因为玩而忘记做作业，没少被老师批评。

3 放学回家，我做的第一件事就是打开电视，看动画片。直到爸爸妈妈下命令了，我才不情愿地关上电视，去写作业。爸爸妈妈对此很不满。

你是不是也这样，总是先做喜欢做的事，不做该做的事？

做事分主次、有条理，应该这样做

01 判断事情的主次

在处理事情时，优先处理重要的、紧急的事情，不要只关注细枝末节，要抓住事情的重点，切勿因小失大。

02 做事要有计划

要知道什么事先做，什么事后做，每件事情大概需要多长时间，这样做事就会变得有条理、有效率。

03 随时调整计划

若因事前对任务的难度和所需要时间估测有误，导致不能按计划进行，要随时调整计划，使其更合理。

04 克服惰性

当天的事要当天做完，否则容易越堆越多，从而花费数倍的时间完成所有的事情。

按时完成作业，
不拖延

一点点家庭作业也要写上好几个小时。

如果家长不督促，经常不能按时保质保量地完成作业。

作业写得潦草，错误百出……

唉！

1　今天的作业不多，我就先去找同学玩，回来再写，结果一不小心玩过了头，想起写作业的时候已经很晚了。

先去玩一会儿

2　写作业的时候，我总是开小差、分神，还坐不住，一会儿喝水，一会儿上厕所，作业完成得特别慢，每次都把妈妈气得够呛。我知道这样很不好，可我就是改不了。

3　妈妈总是嫌我做作业的时间太久，可我对时间的概念很模糊，不知道写作业应该用多长时间才合理，我也很苦恼。

4　在学校写作业，有老师的监督，有同学作为榜样；在家写作业，总没有动力，特别不想做作业。每次做作业就很抓狂。

4个方法 快速改善写作业拖拉

1 准备一个小闹钟，建立时间观念。比如语文作业大致需要40分钟，设定好闹钟，当闹钟响起时就会知道时间够不够用，慢慢就清楚完成一项作业需要的时间。

2 做难题时，要注意做题进度。要观察自己做题用了多少时间。如果超过15分钟，说明这个知识点自己确实不理解，可以先完成其他的题目。

3 让自己远离干扰源。把玩具、电脑等放在离自己较远的位置，营造一个相对安静的环境。如果遇到被他人干扰的情况，可以友善地提出自己的需求。

4 利用多种感官通道。当我们的注意力开始游走的时候，可以通过"边读边写"的方式，让自己的注意力逐渐集中起来。

喂，小主人，来跟我们玩啊！

确立目标，制订计划，做事有始有终

学习其实就是发现问题、分析问题、解决问题的过程。比如你很想把成绩从80分提到90分。90分是目标，80分是现状，10分差在哪里？这就是要解决的问题。

提高成绩三步走：确定目标、制订计划、落实行动。

上次考试也考了80多分，怎么才能提高成绩呢？

1 我努力了这么久，成绩还是没有提上来，不是所有的努力和坚持都会有好的结果，我想放弃了。

2 我一直以为只要定出高目标，就能让自己有学习的动力，可是最后才发现，我拥有的不是目标，只是高涨的情绪而已。过了两三天，这种情绪消散的时候，我就把这个目标给忘了，一段时间后，这种情绪来了，就又想起这个目标来了。我的学习就是三天打鱼，两天晒网。

啥都不想干……

3 每隔一段时间就啥都不想干。我一边因为学习没有进步而焦虑，一边又觉得来日方长，总在"摆烂"和懊悔中挣扎。

确定目标、制订计划、落实行动，可以这样做

01 结合实际，确定目标

目标不能定得太高或过低，以通过努力就能达到为宜。目标不是越高越好，要准确找出自己的长处和短处，明确自己学习的特点、发展的方向，发现自己在学习中可以发挥的最佳才能。

02 长计划，短安排

长计划是指明确学习目标，确定学习的内容、专题，大致规划投入的时间；短安排是指具体的行动计划，即每周、每天的具体安排和行动落实。

03 战胜拖延症，逐条落实

根据自己的学习计划，每天列出践行清单，规划每项任务需要的时间，严格按照计划行动。想提升践行力，就要把想到和做到之间的时间缩短。千万不能等，想到就赶紧去做，别给自己拖延的机会。

善于总结，每天
进步一点点

    总结是学习的一种方法。你每次看到自己的考试成绩时，有没有对考试做一个总结呢？你是不是应该反思一下自己为什么会拿到这样的成绩？

没关系，我们好好总结一下这次考试失利的原因，下次就会有很大的进步的。

唉！

要善于总结自己成绩
提高不上去的原因啊！

①我一点儿都不喜欢上数学课，一上课要么犯困，要么走神儿，课后的作业经常借助学习机才能完成。所以一到考试，成绩就很不理想。

②我总是沉不下心来静静思考，一遇到难题就想绕着走，所以成绩才提高不上去。

③放学回到家，我总是要先玩一会儿，或者看两集动画片，拖到很晚才做作业，对学习没有规划，成绩才总是平平。

④我一到考试就很紧张，大脑就会一片空白，明明是平时会做的题也会因为紧张而失分，我不知道该如何克服这种紧张的情绪。

总结经验教训，可以这样做

1 从自身出发，分析成绩提升不上去的原因，再根据自身的情况，激发自己的内驱力，改变不良的学习习惯。

2 为自己树立一个目标，制订一个计划。目标要贴合实际，避免假大空的目标。可以将大目标拆解成小目标，逐步实现。每实现一个小目标，就给自己一个奖励，激发学习的动力。

3 分析考试知识点，针对自己的薄弱环节进行加强练习。过去的就过去了，一次考试的失败说明不了什么，重要的是你会从此次失败中总结出什么，分析下次考试该如何做，这才是此次考试失利的意义。

4 考试前，做好充分的考试准备；考试时的身体、心理状态要健康、积极；考试时要仔细审题，不要因为粗心马虎而失分……如果有问题，就要努力做出改变。

善用零散时间提高做事效率

- 每个视频不超过15秒，我以为看几个没什么大不了，然而，一看就是一个小时。
- 我本想只玩一局游戏，玩完就去写作业的，可是玩起来就忘记了时间，等回过神来才发现，已经过去了两个小时。

零碎的时间最宝贵，但是也最容易丢弃。零散的时间虽然看似微不足道，但如果善加利用，就能够成为我们获取知识、提升自我、实现梦想的良机，提高做事的效率。

你的零碎时间，
可以这样用

抓住零碎时间，比如睡前、洗漱、等车、坐车、课间……大家千万不要小看这几分钟，涓涓细流汇聚成海，一分钟记一个知识点，时间久了，你的知识范围自然也就广了。

零碎时间一般不会很长，所以建议大家在零碎的时间内做以下事情。

英语方面　可以用来背单词、短语，积累一些常考的短语、句子以及作文模板。

语文方面　多看基础知识，背诵古诗词。

理科　记公式、记方程式，或者看一下笔记上记的重点知识。

做事专注专心，
事情就成功了一半

　　如果要做成一件事情，就必须做到专心致志，三心二意、心猿意马只会让自己分心，必然会浪费更多宝贵的时间和精力。

1 写作业的时候，放在一边的手机即使没有消息，我也会忍不住打开看看。有时候手机一响，就不由自主地刷一刷信息，半天过去只写了几行字。我知道这样很不好，可心里就一直挂念着谁会给我发消息。

2 对任何事情都是三分钟热度。热情过后要么寻找下一个目标，要么"元神出窍"，总之就是无法专注于眼前事。

3 我做事特别容易受外界影响，周围只要一有风吹草动，哪怕是苍蝇飞过，我也想看看到底发生了什么，注意力也跟着飞走了。

4 本来十分钟就可以完成的作业，因为注意力不断转移，导致进度缓慢，半小时也不见成果。有时候还会因为想干别的事情，找借口拖延、放弃，最后做事情有始无终。我也很着急，可就是不知道怎么办。

那些看似不怎么花时间、动动手指就可以做完的小事，其实是消耗专注力的"黑洞"。

总是走神、无法专注时，应该这样做

01 细化任务，每次只做一件事

我们的事情总是很多：写作业、背单词、阅读……所有事情集中在一起就会给你一种"什么都没完成"的焦虑感，所以要学会把事情细分，一段时间内只专心做一件事情。

02 给自己创造一个不分心的环境

在进入学习状态前，要将能够使自己分心的物品，如玩具等放到自己看不到的地方，然后调整成舒适坐姿，进入学习的状态。

03 多进行碎片化的专注练习

碎片化的时间练习是很好提升专注能力的方法。专注是指一段时间的专注力，可以是20分钟，也可以是60分钟。

04 不要担心还没有发生的事

有时候总是担心作业无法完成，第二天会受到老师的批评。这时候可以深呼吸，先缓解自己的焦虑和担忧，让自己保持良好的心理状态，再去尝试完成事情。

不迷失在他人的评价里

你是不是也经常陷入他人的评价中?

- 小伙伴总笑我踢球踢得不好。

- 叔叔、阿姨都夸我可爱。

- 上课积极回答问题,同学说我爱表现。

每天都会面对来自他人的评价,有善意的、中肯的,也有恶意的、诋毁的,我们要正确看待别人的评价。

太在意别人的评价
是对自己的"霸凌"

　　在生活中，我们常常会遇到各种各样的评价。有些评价可能是客观、中肯的，但有些可能会让我们感到不适或不认同。这时候，我们需要勇敢站出来，对那些不合理的评价说"不"。如果我们过于在意别人的眼光和评价，而忽略了自己的感受，无异于是一种对自己的精神"霸凌"。每个人都有自己独特的价值和闪光点，我们不应该被他人的评价所定义。要相信自己，坚定地走自己的路，不要让别人的评价成为我们前进的绊脚石，更不要让别人的看法左右我们的情绪和行为，要相信自己的价值和判断。勇敢说"不"，并不是不尊重他人，而是维护自己的尊严和权益。

第五章

生活好习惯——让孩子更健康

按时吃饭，少吃零食

可以偶尔吃点零食，切勿将它当成饭吃，长期食用零食容易导致肥胖、消化不良等，严重影响身体健康。

1 放学回到家，肚子特别饿，于是就吃了很多的零食，到吃晚饭的时候，我已经饱了，晚饭也没有吃几口。可到快睡觉的时候，我的肚子又开始咕咕叫了。

好饿啊，饿得睡不着。

咕 咕

我就要买，我就要买。

不可以买!

2 每次和妈妈去超市，我都要央求妈妈给我买很多零食，妈妈不答应，我就会哭闹。

可不能拿零食当早餐了。

3 来不及吃早饭，爸爸给我一些钱让我买早点，可我却买了零食，课上，我的肚子饿得咕咕叫，我真是尴尬极了。

咕 咕 咕

如何戒掉"坏"零食 挑选"好"零食!

① 零食一定不能代替正餐

要有规律地吃饭，定时定量。吃饱饭后，吃零食的欲望就没有那么强烈了。吃零食的时间不要离正餐时间太近，最好间隔一个半到两个小时。

② 有的零食可适当吃，有的要少吃，有的不能吃

营养价值高，能给身体提供需要的营养，且低盐、低糖、低脂肪的零食可适当食用。比如杏仁、开心果，含有维生素E、锌、蛋白质，是可经常食用的零食。

而膨化食品则含有较高的脂肪和反式脂肪酸；奶油蛋糕含有色素、人造奶油等，对身体健康没有益处，应少吃。冷饮、冰淇淋，最容易损伤脾胃，这些更是要少吃，最好不吃。

③ 睡前不要吃零食

睡前吃零食会影响肠胃的消化，患蛀牙的概率也会上升。

吃饭细嚼慢咽

　　狼吞虎咽的进食方式会导致食物咀嚼不充分，从而使得胃内食物的消化变慢，这些未经充分消化的食物进入胃肠道后会增加胃肠道的负担，最终出现消化不良的症状。

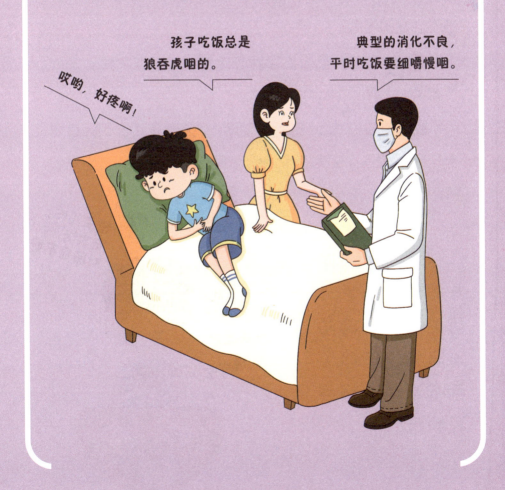

1 早上时间太紧迫了，为了不迟到，常常在5分钟内就狼吞虎咽地吃完了早餐。

2 吃饭的时候，我心里都会惦记着其他事，比如看动画片、玩玩具，或者打游戏，所以我就想快点儿吃完，做不到细嚼慢咽。

3 爷爷每次吃饭都要跟我比赛，看谁吃得快，我为了得第一，就只能狼吞虎咽了。

4 每次吃饭，奶奶都会说"吃得真快""吃得真多""快点吃"，我以为吃得多、吃得快就是好的，自然就狼吞虎咽了。

狼吞虎咽会对身体造成伤害，可能导致胃肠功能负担、肥胖、吞咽障碍、误吞异物等。

慢点儿吃，吃太快对肠胃不好。

吃得真快。
吃得真多。
快点吃。

狼吞虎咽不可取，
6招让吃饭慢下来

01　和家人一起吃饭

和家人一起进餐，可放慢吃饭的速度。人多，用餐的时间会拉长，进而增加咀嚼的次数。

02　专心吃饭不分心

不要边看电视边吃饭。不专心吃饭会降低对饱腹信号的敏感度，容易导致不经意间摄入过量食物。

03　每一口饭多嚼几次

口腔护理和肥胖治疗领域的专家们建议，一口饭嚼20次，给大脑充足的时间来接收吃饱的信号。

04　咀嚼时可放下餐具或手中的食物

咀嚼时，将手上的餐具或食物放下，也能避免在不知不觉中摄入过多热量。

05　吃饭时避免喝甜味饮料

果汁、汽水等甜味饮料，因为没有咀嚼的过程，所以摄食过量也浑然不知。

06　可喝点汤水

可配着食物喝一些汤，如蛋花汤、蔬菜汤等，这样会减慢吃饭速度，帮助肠胃逐渐膨胀，让吃饱的信号传达到大脑。

早睡早起，作息规律

早睡早起，作息规律，不仅有益身体健康，而且能保持有活力的良好精神状态，也有利于提高学习效率。

老师说你今天上课状态很不好，怎么回事呢？

我太喜欢看动画片了，昨晚不小心看到很晚，所以上课的时候没精神，一直打哈欠。唉，真应该听妈妈的话，早点睡觉就不会发生这样的事了。

❶ 周末，快到中午了，我还赖在被窝里，早饭也没有吃。妈妈喊我起床，我总是说："今天不上学，不起床也没关系。"

❷ 晚上睡得太晚，所以我经常早上睡懒觉而不吃早餐，或者在上学路上狼吞虎咽地吃完早餐。

❸ 暑假，我总是晚上不睡，早上不起，每天都过着昼夜节律紊乱的生活。马上开学了，我真担心自己无法适应上学的生活，甚至会每天迟到。

❹ 每天晚上，不管爸爸、妈妈怎么让我睡觉，我都好像有无限的精力，一点儿也不困，总在想方设法地逃避睡觉，让父母很伤脑筋。

快上床睡觉。

我要上个厕所。

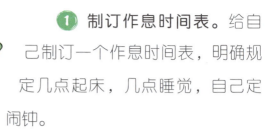

养成早睡早起、作息规律的习惯，可以这样做

1 制订作息时间表。给自己制订一个作息时间表，明确规定几点起床，几点睡觉，自己定闹钟。

2 睡前不饮食。睡前一个小时不要吃宵夜，也不要吃零食，这些都不利于入眠，并且太晚吃东西容易加重肠胃的负担。

3 营造良好的睡眠环境。睡前可以播放一些轻柔的乐曲，帮助入眠。床上除了搂着睡觉的布偶，什么玩具都不能有，尤其电子设备更要离得远远的。

4 睡前情绪要稳定。在入睡前不看激烈的电视节目，或者做剧烈的运动，这些行为可能会让情绪很长时间内都平静不下来，从而影响睡眠。

5 白天多运动。在白天充分运动，释放精力，到了该睡觉的时间，身体会自动跟大脑说"要睡觉了"，从而睡一个很安稳的觉。

早睡早起，作息规律，是一种健康的生活方式。

早晚都要刷牙

睡觉前，妈妈让我又是洗脸、洗脚，又是洗屁股，还要刷牙，真是太烦了！

妈妈，昨晚睡前我已经仔细刷过牙了，我现在口腔里也没有食物的残渣，早上我就不用刷牙了吧?

口腔里没有食物残渣，起床时漱漱口就行了。但牙还是要刷的，等吃完饭再刷哦。

提示：早餐后再刷牙，可以尽快清除牙面上或牙缝中的食物残渣，带着清新的口气上学，让你更加自信地微笑面对所有人。

妈妈，我晚上已经刷过牙了，可是我刚刚又吃了饼干，还需要再刷一次吗?

当然要刷啊，如果不刷牙，牙面上和牙缝中会残留食物残渣，口腔内的细菌会分解这些食物残渣，会让牙齿生病。

提示：睡前进食且不刷牙会导致龋病，所以睡前刷牙很重要。

早晚刷牙，是1+1>2的卫生习惯

1 早饭后刷牙，开启一天的活力

吃完早饭后刷牙，可以同时清洁牙菌斑和食物残渣，可以更持久地保持口腔卫生。

2 睡前刷牙，守护一夜安眠

睡前刷牙是保护口腔健康的重要环节。白天，我们进食、饮水时，口腔中容易滋生细菌并形成牙菌斑，如果不及时清除，这些牙菌斑将会发展成牙结石，还可能出现龋齿、牙周疾病等问题。睡前刷牙可以有效去除牙菌斑，减少龋齿和牙周疾病的风险。

早晚刷牙能为我们带来全面的口腔保护。

这才是讲卫生的孩子呢！

少玩手机，多运动

　　为了上网课，妈妈给我准备了一部手机，自从有了自己的手机，我就再也离不开它了，心思全被手机占领了，不管干什么心里都会想着它……

我是不是没救了？

① 写作业的时候，眼睛总是不自觉地看手机。

② 放假在家，同学约我去踢球，可我还是更喜欢在家玩手机。

③ 吃饭的时候，我也要边玩手机边吃，有时候碗里的饭都吃光了自己却不知道。

④ 晚上睡前我也经常偷偷玩手机，为了不让妈妈发现，我就关着灯玩，现在视力都不好了。

不再沉迷手机，可以这样做

是不是觉得除了玩手机，找不到能够提起兴趣的事情做？

因为你把玩手机当成了主要的娱乐方式。

放下手机！

培养自己的其他兴趣爱好，让自己的生活充实起来。

1 多到户外运动玩耍

可以跟小伙伴一起踢球、跳绳，走进大自然，多多进行户外运动，不仅能够锻炼身体，还可以帮助我们建立自信。

2 制订休闲时间表

可以为自己制订一个时间表，分别安排学习、运动，包括玩手机的时间，严格按照时间表做，就可以逐步减少玩手机的时间，慢慢摆脱手机上瘾。

3 参加课外班

可以培养自己的兴趣爱好，比如绘画、书法、音乐等，同样可以减少玩手机的时间。

勤换衣服、勤洗澡，不共用毛巾

你是不是也有这样的情况：

• 我才一周没有洗澡，就浑身痒得不行，难道要天天洗澡吗？好烦啊！

• 昨天踢完球，出了一身汗，没有洗澡，也没有换衣服，身上有股很难闻的味道。今天，同学们都躲我远远的，真是太尴尬了。

啊！痒死了，痒死了。

个人卫生这样保持

① 勤洗头、理发，勤洗澡、换衣，及时清除毛发中、皮肤表面、毛孔中的皮脂、皮屑等新陈代谢产物以及灰尘、细菌。这样做还能维护皮肤、调节体温，防止皮肤发炎、长癣。

② 用的毛巾必须干净，并且做到一人一盆一巾，不与他人共用毛巾和牙刷、剃须刀等洗漱用具，防止沙眼、急性流行性结膜炎（俗称红眼病）等接触性传染病传播；不要与他人共用浴巾洗澡，防止感染皮肤病和其他传播性疾病。

③ 每周都要给毛巾消毒，将肉眼看不到的细菌消灭掉。

不因别人的看法不同而质疑自己

你是否有过这样的经历：

做事前，会想到别人的反应；做事时，会主动迎合别人的期待，即使委屈了自己。

同一件事，经常听到不同的看法，从而质疑自己的想法。

听到对自己不好的评价，觉得自己是真的不好，开始怀疑自己。

相信自己！

不在意别人的看法，成为自己的主人

1. 不要为了取悦别人而改变自己

每个人的口味和喜好是千差万别的，你不可能同时取悦所有人。如果你一味地为了取悦别人而改变自己，那么你终会失去自己的本真和自由。

2. 不要让别人的批评和嘲笑打击你的自信心

我们难免会遇到别人的批评和嘲笑，但这只是别人对你的一种评价，不代表你的全部。

3. 不要被别人的质疑动摇

每个人都有自己的梦想和目标，但是实现梦想的道路上充满了艰辛和挑战。如果你真心想要实现自己的梦想，就要坚定地走下去，不要被别人的质疑和否定所动摇。

第六章
交友好习惯——让孩子更自洽

不以**讨好他人**的方式交友

　　怕别人不高兴、怕自己不合群、怕真实的自己不被接纳，于是经常勉强自己，说一些言不由衷的话，做一些违背意愿的事，事事迎合别人。这些都不是正确的交友方式。

妈妈送给你的手链，怎么戴在别人手上呢？

她说如果不给她戴的话，以后就不跟我玩了。

我的同桌长得很瘦小，时常被同学捉弄调侃，他看我个子高，就希望我能帮他"威慑"一下那些轻视他的同学，于是，他就经常帮我背书包、做值日，我又不好意思拒绝他的请求和讨好。

在一段友谊里，如果自己处于"高位"，总被朋友讨好，感觉应该会挺爽的吧？其实，随着交往的加深，自己的负罪感也会加深。

小美经常带很多吃的分给同学，同学让她做什么就做什么，没有半点怨言。但我也觉得这些同学没有真的把她当朋友，只是在利用她。

交朋友不要"讨好"，要"双向奔赴"

　　"如果不讨好别人，就交不到朋友，或朋友会不喜欢自己。所以即便有不同的想法，也不敢对朋友说，更不敢反对朋友的意见。"这是一种错觉。如果用这样的方式交朋友，我们很难拥有"双向奔赴"的友谊。

　　友谊贵在真心，讨好你的朋友虽然对你满口说着"好好好"，你却无法得知他的真实意图，比如想让你当"挡箭牌"，甚至他明明跟你想得不一样，还要故意顺着你，不仅给了你错误的反馈，还让你错付了感情。

这是我妈妈送给我的生日礼物，我很珍惜，我不能答应你。

哇，你的手链好漂亮啊，你给我戴几天吧，不然我就不跟你玩了。

同学之间友好相处，不打架、不骂人

今天壮壮在学校跟同学发生了矛盾，两个人谁也不让着谁，就打了起来。我已经教育过他们了，那位同学已经道了歉，希望能得到您和孩子的谅解。

壮壮动手也是不对的，也该向那位同学道歉。

是他先骂人的。

105

你身边有没有这样的同学？

1 别人休息、学习时，毫无顾忌地追逐打闹，大声喧哗。

2 不分对象和场合，以取人短处为乐。

3 对人言语傲慢，态度无礼。

4 在未经他人允许的情况下，窥探他人隐私并大肆宣扬。

5 在没有告知本人的情况下，私自拿走或使用别人的东西。

减少这些行为才会减少人际冲突，同学之间才能友好相处。

要想与同学友好相处，这样做就对了

1 学会心理换位。人际交往中不能总是渴望得到别人的理解，而自己很少主动地去理解别人。双方都要学会换位思考，多站在对方的角度上思考。

2 学会宽容理解。当同学间出现矛盾时，虽然矛盾双方都有责任，但要相信对方一般是不会恶意攻击的。要能理解、容忍对方的一时之举。

3 心平气和地交谈。打架不是处理问题最好的方式。不如静下心来分析，想一想事情的经过。如果错在自己，要敢于承认，并道歉，取得对方的谅解。如果错在对方，也可以大度一点，私下找对方谈谈。

4 学会适时赞美别人。这不代表贬低自己。学会赞美别人，说明你发现了对方的优点，你在赞美别人的同时也会得到对方对你的赏识。

5 真诚待人。在平时的学习、活动、游戏中，与同学多谈谈心里话，多与别人交流，了解、帮助别人，让大家体会到你的真诚。久而久之，同学就会成为你的知心朋友。

学会保护自己的隐私

　　每个人都有自己的小秘密，没有说出口就代表一定有难以启齿的原因。不要打着朋友的名义，挂着关心的旗号去打探对方的隐私。保护自己的隐私，同时也要保护对方的隐私，这样相处起来才会毫无芥蒂。

这是我的隐私，
我不想告诉你。

我这样还不是关心你吗？
你根本就没把我当朋友。

1 我心情不好，便向朋友倾诉了我藏在心里的小秘密，可没过多久，全班同学都知道了我的秘密，我真的很后悔把秘密告诉他人。

2 我新交了一个朋友，他总是刨根问底地问我很多问题，有些涉及我的隐私问题，我不想回答，他就会不高兴，说他只是想多了解我一些。我也很为难，不知道还要不要交他这个朋友。

3 有一次，我正在玩游戏，一个游戏玩家要加我好友，还说会给我发红包。我问过妈妈才知道，网络世界真假难辨，很多人打着交朋友的幌子实施诈骗。网上交友可一定要谨慎，不要向对方提供自己的个人信息。

关系再好，也需要注意交往的技巧

01 对方不想透漏的隐私别问

不要仗着自己跟对方的关系很好，就趾高气扬地认定自己有权利知道关于对方的一切。记住，尊重他人的意愿，是对他人的尊重，更是高情商和高素质的体现。

02 知道朋友的隐私要保密

如果朋友跟你分享了自己的隐私和秘密，并且希望你不要到处声张，那你一定要有保守隐私和秘密的觉悟，要对得起朋友对你的这份信任。

03 不要随便拿隐私说事

彼此关系再好，也不能随便拿对方的隐私说事。即使是开玩笑，也不可以。

学习身边朋友的
优点

交朋友要学习朋友身上的优点，与他们交流，让他们成为自己的"镜子"，看到自己的不足从而提升自己。

每个人身上都有值得我们学习和借鉴的东西，把重点放在对自己有帮助的点上，更能受益！

　　我们一定要学会内观，善于发现并学习别人身上的优点！当我们看到别人的优点并且去学习时，我们内心就会充满善和爱的能量，进而影响更多的人！这就像一个灯泡，虽小但可以照亮整个房间。

　　我们应该取长补短，学习他人的长处为自己应用，不断完善自己的能力。

学习别人身上的优点，可以这样做

① **观察并学习**：观察周围的人，注意他们的言行举止、学习和社交的方式、解决问题的方法等。学习他们的优点并思考如何应用到自己的生活和学习中。

② **主动请教**：我们注意到别人的优点时，可以主动向他们请教，询问他们的经验和建议，这样可以帮助我们更好地理解和学习他们的优点。

③ **反思和实践**：我们需要定期反思自己的行为和思想，看看是否存在需要改进的地方，并付诸实践以巩固所学知识。

遵守规则，不以自己为中心

　　《论语》中有一句"己所不欲，勿施于人"，堪称人际交往中的黄金法则。这句话告诫我们：要懂得换位思考，要设身处地为他人着想。这是善良、同理心强的表现。

① 有一次和妈妈一同外出，我看中了一个好玩的泡泡机，可是妈妈没有给我买，我非常不高兴，当场就哭闹起来。事后，妈妈说我太任性了。

② 每次玩滑滑梯，小涛总是霸道地插队，从来不讲先来后到，也不遵守游戏规则，我们都不喜欢跟他玩。

③ 联欢会上，同学们一直起哄让我唱首歌，他们明知道我唱歌跑调，还这样起哄，真是太令我难堪了，完全不考虑我的内心感受。

没有人会喜欢跟任性、霸道、只顾自己的人玩耍。遵守规则，懂得为他人考虑的人，才会收获更多的喜爱。

唱首歌！

唱首歌！

唱首歌！

摆脱以自我为中心的态度，试试这样做

1 娱乐设施有限时，要和别人轮流玩，不能只顾自己。

2 做决定时，要考虑其他人的建议和意见，若观点不一致，要互相商量；可以给建议，但不要干涉朋友的决定，每个人都有独立做决定的权利和自由。

3 想和别人一起玩时，有礼貌地提出要求："我们一起玩儿好吗？""咱俩交换玩具行吗？"

4 关系再好也要注意自己言行的分寸，尊重对方的隐私，不能口无遮拦，用对方的物品前先征得同意。

你要抱抱我的小熊吗？软软的，可舒服了。

不不不，我虽然很想抱抱，但是我的手太脏了，会把小熊弄脏的。

116

不欺负别人，
也要懂得保护自己

交朋友要尊重对方，不以欺负他人的方式获得自我的满足感和成就感，同时要懂得保护自己，对自己不情愿做的事情要勇敢地拒绝。

拒绝别人的请求，并不意味着你失去了朋友，或者得罪了别人，相反，这表明你有自己的底线和原则，不会轻易妥协。

我的好朋友让我放学后帮他教训一下小涛，我没有答应他，他说我不够哥们儿，不配做他的朋友。我不想失去这个朋友，但我也不能帮他去欺负别人。

区分闹着玩儿和被欺负

如果同学、同伴因为自己弱小，蓄意、反复地对自己施以恶意行为，包括肢体或言语的攻击，人际互动中的抗拒与排挤，类似性骚扰般的谈论或对身体部位的嘲讽、评论和讥笑，挑衅、敲诈、殴打，实施欺压、侮辱等，使自己的身体、心理受到伤害，这就与一般的打闹、推搡和争执截然不同了，不要轻信对方"开玩笑"的说辞，这就是实实在在的欺凌。

别生气，我们跟你开玩笑呢！

哈哈！

哈哈哈哈！

遭遇欺凌时，应该这样做

直面宣战　以气势压倒对方

懂得拒绝别人不合理的要求，才能保护自己的个人边界，包括身体的、情感的和精神的界限，爱惜自己的身体和生命，不容许别人侵犯自己的底线，即清楚自己在什么时候需要理直气壮地表达"我不愿意"。

提示：欺软怕硬是欺凌者的共性。所以，想不被欺负，首要的是让自己在气势上压倒对方，并态度坚决地捍卫自己的权益，也就是让自己看起来不好惹！

自卫为先　智慧脱身

当力量和欺凌者相比明显处于弱势时，不鼓励还手，优选扔掉书包、外衣或其他物品等，让自己轻装，利于摆脱牵制尽快脱身，"好汉不吃眼前亏"。随即寻求帮助，把情况告诉身边认识的大人，比如老师、邻居甚至保安。如果实在无处躲避，保护好自己的身体是第一位的，可利用手臂挡住自己头部、面部。如果势均力敌，可以在欺凌者抓住自己头发的时候去揪他的耳朵或踹他的腿，促使对方撒手，趁机跑掉，躲避危险。

提示：既要内心善良，尽量"大事化小，小事化了"，减少同伴冲突，也要身披铠甲、身手有力，对无端挑衅不忍气吞声。

我们都要有"不欺负别人"的教养，

也要有"不被别人欺负"的自我保护能力。

与"社恐"和解，大胆与人沟通

- 我喜欢一个人待着，总感觉人多的地方很嘈杂，让我感到很不安。
- 我很喜欢唱歌，但是我没有勇气在众人面前唱，只能自己小声哼唱。
- 同学找我一起打篮球，我心里其实很想去，但是又很担心打不好被同学嘲笑，只好说："我不会打篮球。"

我的性格有点内向，很害怕与人交流，可我内心也渴望交到好朋友。

如何进行自我调节，与「社恐」和解

01 接纳自己的性格特征

坦荡承认自身的缺点，放大自身的优点，走出自信的一步。性格的内向和外向并没有好坏和对错之分，要学会接纳自己的性格。

02 转移注意力

和他人交流沟通时，将注意力转移到对方身上，不去担心自己所说所做是否存在问题，这样可以减少对社交的恐惧感。

03 面对恐惧

试着将自己融入社交群体，参加自身感兴趣的活动，借着兴趣慢慢与他人进行交流沟通，一步步克服社交中产生的恐惧。

04 向他人寻求帮助

当你感到焦虑或遇到困难无法解决时，可以寻求家人、朋友或老师的帮助，也要学会对自己宽容。

第七章

行为好习惯——让孩子有规矩

用过的东西要及时归位

这都是因为你平时就有乱丢东西的毛病，用过的东西随手放，不知道及时归位。从今天开始，要养成用过的东西及时归位的习惯。

我从班里的阅读角借的一本书，我忘记还回去了，家里我都找遍了，也没有找到。

呜呜呜

1 小涛总是乱丢东西，用过的东西随手就放。今天找不到橡皮，明天找不到练习册，他自己也常常为此烦心，不是在找东西，就是在找东西的路上，非常浪费时间。

2 房间总是乱糟糟的，衣服堆得到处都是，干净的衣服和脏的衣服混在一起，经常到需要穿某件衣服时才发现衣服还是脏的。

3 每次回到家换鞋时，总把换完的鞋堆在门口，从来不放到鞋柜里，门口总是乱糟糟的。

4 玩完的玩具散落一地，看完的书也被扔得到处都是，每次都是妈妈辛苦收拾。结果第二天回到家，家里又成了"灾难现场"。

"归位意识"这样来养成

首先，向家长学习，看家长如何归纳东西。脏衣服要放到脏衣篮里，不能想扔哪儿就扔哪儿；玩具玩过了要记得把它们都整理到玩具箱里。

其次，对东西进行分类。玩具可以分类，比如积木类、坑偶类、车子类，若想找"红色小汽车"就可以直接在"车子类"里面找了。整理文具也是一样的道理，可以按书本、作业本、试卷这样来分类，也可以按科目来分类，这样在用的时候就不会翻得乱七八糟了。

我也要进收纳箱。

到别人家做客要懂
规矩

这样的确不太好，下次去别人家做客前，要先搞好个人卫生。明天，我们邀请小美来咱家做客吧，我相信只要你主动解释清楚，不会影响你们的友谊的。

其实我也不想这样。

妈妈，我今天到小美家做客，我因为脚太臭了，就没有换鞋，结果把她家的地板都踩脏了，我觉得小美再也不会邀请我去了。

同学邀请我去她家参加生日会，别人都带了礼物，只有我没有带，我尴尬极了。

小涛来我家玩，看上了我的一个玩具小火车，临走的时候非要带回家玩几天，我心里很不情愿，但又不好意思拒绝，只好硬着头皮答应了。以后我可不邀请他来我家做客了。

我很喜欢去小美家做客，因为小美有很多好看的故事书。每次去做客，我都会给她带一些她喜欢吃的零食，并且会经过小美的同意，在书架上找一本自己喜欢看的书，看完后我还会放回原位。我俩的感情一直很好。

到别人家做客，应该这样做

01 不要随便乱逛

有人邀请我们去他家做客时，无论关系多好，我们都要谨守客人的本分。尤其是第一次去对方家里，不要未经允许就去人家卧室乱逛，或去人家书房翻阅，这都是不礼貌的行为。

02 不要乱动东西

去别人家做客，最根本的礼貌就是给予尊重。东西不乱动，物品不乱拿，这是我们与人交往都应该了解的规矩，也是去别人家做客时，约定俗成的礼节。乱拿东西、乱摆乱放、吃喝不拘、果皮乱丢等，这样的行为不仅让人反感，也会让对方认为你没有教养。

03 见到长辈要问好，懂礼节

去朋友家做客，见到长辈要用敬称，主动问好，说话要文明有礼。

不故意窥探他人隐私

我把电脑借给同学用，他还我电脑的时候说："没想到你小时候长得那么黑。"原来他偷看了我电脑里的相册，我真的很生气。

我们每个人都有保护自己隐私的权利，同时，不窥探他人隐私也是一个人的基本道德素养。

我可没有偷看哦！

尊重别人的隐私，
也要保护自己的隐私

　　每人的心中都有一块私人的绿洲，不希望被别人窥视，更不希望别人贸然闯入。尊重别人的隐私，就是尊重别人的人格，也是尊重自己的人格。生活中，保持适当的距离是礼貌，不要打着"关心他人"的名义，让同伴说出自己不愿说的秘密。关心朋友固然是好事，但要把握适度的分寸，不要强人所难。做到尊重别人的隐私，不打听、不传播、不无中生有；同时，也要保护自己的隐私，不轻易泄露。

餐桌礼仪要践行

在餐桌上，我们总时不时被家长有意无意地提醒着要注意礼仪。妈妈总说，餐桌礼仪反映了一个人的修养和教养，良好的餐桌礼仪十分重要。

你要坐好，夹菜时，要夹离自己较近的菜，离自己远的菜可以让妈妈帮忙夹。这是餐桌的礼仪，一定要知道。

❶ 我总是一边看电视一边吃饭，看到搞笑的内容就忍不住笑，饭都喷了出来。爸爸很生气，罚我站了一个小时，我也知道这样做是不对的。

❷ 妈妈做了腰果虾仁这道菜，弟弟特别喜欢吃腰果，就把盘中的腰果全夹到自己的碗里。我教育他说："吃饭的时候不能在盘子里乱翻，不能因为自己喜欢吃就把菜都夹到自己碗里。"妈妈夸奖我教育得对。

❸ 有一次，妈妈带我去她朋友家做客，吃饭的时候我觉得阿姨做的菜不如妈妈做得好吃，但我还是表现得很喜欢吃，并夸奖阿姨的厨艺真不错。我这算不算撒谎了呢？

太好吃了。

餐桌礼仪有这些

01 吃饭时，应由长辈先行入座和用餐，在长辈未动筷前，晚辈不能自顾自地先吃起来。

02 夹菜时，应尽量夹离自己较近的菜品，旋转餐桌应等菜转到自己面前停下再夹，筷子不过盘中线。

03 在别人家做客时，要待主人举杯示意开始时，客人才能动筷子。

04 吃饭时，尽量不要发出声响，不要狼吞虎咽，也不要敲打碗筷或大声地喧闹。

05 吃饭时，不要在菜盘子里翻来翻去、挑三拣四，这样会显得失礼、自私，还很不卫生。

06 吃饭不能剩，做到不浪费。如果无法确定自己的饭量，装饭菜时可少量多次。

07 如果自己已吃完，但是长辈和主宾们都没有离席，要跟在座的人打招呼，并解释原因，再跟大家道声"慢用"。

尊重他人意愿，
不强人所难

　　我今天做了一件错事，同学有辆特别酷的玩具车，他本来不想给我玩，我硬抢着要玩，结果玩具车被我不小心摔坏了。我不该强人所难，虽然道了歉，但对同学的伤害已经造成了。

1 我和小涛一起去文具店买文具盒，我喜欢变形金刚图案的，可他非要我跟他一起买恐龙图案的，我不同意，他居然生气了，说好朋友就应该用一样的东西。无奈我只好买了恐龙图案的文具盒，可我一点儿都不开心。

2 我看到小美在擦地，好心过去帮忙，可她说不需要我的帮助，争抢抹布的过程中，脏水甩到了小美的裙子上。她很生气地说："我说了不需要你帮忙。"我虽是好意，但这样做是不是有点帮倒忙了？

3 妈妈经常收到一些朋友发来的帮忙"砍一刀"的请求，每次妈妈都很为难，不仅要下载APP，还要注册信息，之后还会经常收到各种推销的垃圾短信，真令人反感。

尊重他人意愿，这样做

每个人都有自己独特的性格和喜好，我们不能因为自己的喜好而强求朋友改变。

01 尊重他人的选择和决定，给予他人足够的空间和自由。

02 不苛求别人做不能做的事，不强求别人接受不喜欢的东西。

03 遇事不要以自我为中心，不要把自己的认知当作评判的标准。

04 尊重对方与自己的不同点，不随意批评论断；看不惯的地方，不要急着下判断。

05 学会换位思考，多了解一下对方的需要，体谅对方的需要，尊重对方的需要，多为对方考虑。

06 帮助他人时，首先应尊重他人，询问、了解他人的需求，得到他人的允许再帮助，以免好心帮倒忙。

做一个守时的人

　　守时，就是在约定的时间里准时赴约，不迟到。守时是对别人的尊重，是个人信誉的坚定基石，是一种于细节处彰显出的美德。它不仅体现出一个人对人、对事的态度，更体现出一个人的道德修养与自律精神。

① 有次和妈妈跟团旅游，有个团友很不守时，每次集合都要迟到半小时，害得大家都要等她，不仅耽误大家的时间，也严重影响了大家旅游的心情。

② 妈妈做好了饭菜等爸爸回家吃饭，每次打电话爸爸都说"马上到家"，结果等了两个小时，爸爸还没回来。妈妈生气地说："爸爸这样的行为就是极不守时的表现，你可不要学他。"

③ 和同学约好下午两点去球馆打羽毛球，可我临时有急事不得不取消约会，赶紧打电话告诉同学，解释了原因，也表达了歉意，希望同学不要生我的气，更不要认为我是个不守时的人。

如何做一个守时的人

不要卡时间

凡是赴约，按照提前半个小时到一小时的目标规划，留出时间应对路上的意外情况，哪怕没有任何意外情况，提前到达也有好处。

做事提高效率

我们应该注意做任何事情都要提高效率，不仅节约时间，也能让自己有更多自由。只有自己的时间充裕时，我们才能更好地安排和规划生活。

合理规划时间

处理好时间和任务的关系。做到心中有数，就不会手忙脚乱。如果时间有限，就只能放弃一些无关紧要的事情，抓重点的事情来做。

时间，等等我。

遇到烦心事不乱发脾气

我好不容易写完作业，想玩会儿游戏，妈妈一直喊我帮她干活，我心里真的好烦，真担心哪一秒没控制住就发脾气了。

我正在拼图，弟弟突然把一片拼图拿走了，我气愤地对他大吼大叫，用力把拼图抢了过来，弟弟哭了，妈妈把我教训了一顿，我心里更憋屈了。

不要动不动就发脾气哦！

好烦啊！

好烦啊！

学会控制情绪，冷静处理问题

生活中，我们难免会碰到一些让人心烦的事。一旦被情绪牵着鼻子走，不但不能解决问题，还可能造成更大的麻烦，对人对事都是百害而无一利。面对烦心事时，我们要先保持冷静，深呼吸几次，让自己平静下来，再试着去克服内心的焦虑和急躁，仔细分析目前的情况，做出判断，只有这样才能保持内心清明，做出最正确的选择。要用积极的态度解决问题，而不是通过发脾气来发泄情绪。遇到无法独自解决的问题，可以向老师、家人和朋友寻求帮助。总之，不发不该发的脾气，不急急不来的事，不因烦躁、愤怒就乱了方寸。

冷静！ 冷静！

第八章

社交好习惯——让孩子高情商

即便心情不好，也要**好好说话**

一个人心情舒畅的时候，好好说话并不难，难的是你在心情不好、沮丧甚至绝望的时候，依然可以控制好自己的情绪，心平气和地说话。

❶ 我心情不好的时候，谁都不想理，有时候还会跟爸爸、妈妈发脾气，他们问我发生了什么，我却什么都不想说，只是自己在那里生闷气。

❷ 同桌不小心弄坏了我的钢笔，我非常生气。他向我道歉，我也没有理他。第二天，他买了一支新钢笔赔给我，从那以后，他再也没有跟我借过东西，也很少跟我一起玩了。

❸ 足球比赛时，我不小心摔倒了，导致我们队输掉了比赛，虽然很沮丧，但我还是走到对方球员面前，向他们表示了祝贺。

好好说话，是一种修养

　　一个人在心情不好时，很容易带着不开心的语气说话。原本可以和气说出的话，因为内心烦躁，会愤怒地说出去；原本可以委婉说出的话，也变得不顾他人感受而生硬直接。

　　说话是人与人之间最重要的沟通方式，在情绪波动的情况下也能好好说话是一种自我约束的能力。好好说话不一定会直接让事情变好，但一定不会让事情变坏。再生气也要好好说话，尽量避免把不好的情绪传染给他人，这是一种修养。

他太恐怖了，简直是只大老虎。

称赞、鼓励他人时，要足够真诚

　　我平时不怎么喜欢参加劳动。今天，我把全班的桌椅都摆好了，很渴望得到老师和同学的夸赞和鼓励。

　　"呦，今天的太阳是从西边出来了，全班最不爱劳动的人居然主动干活了。"我听后，有点儿不高兴。同学说她这是在称赞我主动劳动，我感受到的却是讽刺。

呦，今天的太阳是从西边出来了……

1 我把散落的玩具全都收进了整理箱，妈妈惊喜地说："哇，我儿子终于记住自己应该做什么了，记得以后也要这么做哦。"

提示：这样的表扬很勉强，而且暗含着批评和嘲讽，非常打击积极性。

2 奶奶总是这样夸我："我孙子这么聪明，将来一定会有大出息，比王奶奶家的孙子强多了。"

提示：这样的夸赞会使人产生傲气，反而会造成不良影响。

3 每次做好一件事情，妈妈总是说："你真棒！""你可太厉害了。"

提示：这样的夸赞简单又笼统，显得很空洞，会让人感到敷衍和不真诚。

这样夸赞、鼓励他人，才真诚

1 **实事求是，措词恰当。**夸赞别人时，要结合实际情况，不能凭空捏造或夸张过度，要考虑对方听了这种赞美是否相信。真诚的赞美只能建立在真实的基础上。

2 **赞美要具体、深入、细致。**只有将赞美具体到每一处细节，才能让对方感觉自己被重视、被关注、被认可。

3 **赞美须热情，发自肺腑。**夸赞别人时，要发自内心，不能勉强或言不由衷。只有从内心感受出发，表达自己的赞美之情，才能让对方感受到你的真诚。

4 **赞美要适度。**过度的恭维会令对方感到难以接受，结果适得其反。只有适度的赞美才会令对方感到欣慰。

5 **注重对方感受。**夸赞别人时，要注重对方的感受，不要让人感到尴尬或不自在。同时，要注意表达方式，尽量用肯定和鼓励的语言，让对方感到被理解和支持。

和人相处时，要有
边界感

　　边界，是指在人际关系中，个体清楚地知道自己与他人的责任和权利范围，既保护自己的个人空间不受侵犯，也不侵犯他人的个人空间。

　　保持合适的距离是人际交往中重要的法则，陌生人之间要把握边界感，熟人之间更要把握分寸。无论与谁交往，都要有相应的边界感。

当父母对你严加看管、随意侵犯你隐私时，当朋友以人情对你道德绑架时，你是否会冒出这样的念头：我被冒犯了？

1 妈妈进我的房间从来不敲门，总说我是她的孩子，不该有秘密。我很苦恼。

2 借给同学的笔记，还回来后发现笔记上多了很多杂乱的文字，我心里很生气，嘴上却又不好说什么。

3 正着急用一样东西却怎么也找不到，原来是被同桌拿走了，于是我质问他："你可不可以打声招呼再用？"他却说："我们关系这么铁，你的就是我的。"真是令人无语。

4 课间想要休息一会儿，可是同学总是跑来跑去，还大声喧哗。

这些看似微不足道的，但没有边界感的行为，确实让人感到些许不舒服。

把握好边界感，可以这样做

识别自己的需求和感受

当我们知道自己需要什么，以及什么对我们来说是重要的，我们就可以更容易地识别那些可能侵犯我们边界的行为。

表达自己的想法和感受

我们要清楚、直接地表达我们的意见和感受，但也要尊重他人。当别人的一些言行让我们感到不舒服时，我们可以不用隐藏自己的情绪，用平和的态度告诉对方自己的真实想法，对方以后就会注意避免类似情况。

设定个人规则和限制

例如，在与室友相处的过程中，告知他们自己不能接受的一些行为，比如晚睡、在休息时间吵闹等，让他人对自己的边界有进一步的了解。

尊重他人的边界

当他人表达他们的边界时，我们要尊重他们，并避免侵犯他们的边界。

不要妄自菲薄，也不要高傲自大

　　交朋友的时候不要妄自菲薄，不用担心失去朋友。你要知道，友谊是双向的，别人有权利选择不和你玩，你也有权利选择不和谁玩。

　　交朋友的时候也不要高傲自大。高傲会在人们心中筑起隔阂的高墙，唯有谦逊友善才是正确的相处之道。

1 数学成绩出来了，我考得很不好，同学们都在疏远我，说跟我一起玩，成绩也会变差。如果我不够优秀的话，是不是在别人眼里就没有价值，就不能交到朋友？

2 我总是会关注自己做得不好的地方，很少去发现和肯定自己做得好的地方。这种思想总是让我感觉自己不如别人。

3 小涛总是看不起别人，觉得谁都不如他，甚至连老师都不放在眼里，说话也从来不顾及别人的感受，总是随着自己的性子。他这样高傲，我们都不喜欢跟他玩。

如何做到不妄自菲薄，
也不高傲自大

　　比起了解和认清他人，我们更应该了解自己，这样才不会陷入自卑或自负的误区。保持一颗谦卑的心，不高估自己，不仅是做人的姿态，更是人生的智慧。每个人都有自己的才能和缺陷，不要妄自菲薄，也不能高傲自大。

　　平等地对待每一个人，不要过度迎合他人，也不要瞧不上任何人。人这一生有无数种可能，今天的弱者也许就是明天的强者。由弱到强的转变，关键在于既不高估别人，也不看轻自己，自始至终都努力让自己做到最好。

懂得帮助的意义，更要学会正确地付出

　　每个人都有自己解决不了的事情，这时候难免需要借助别人的力量，但是不要把别人的帮忙当作理所当然，也不要盲目帮助他人，在收到他人求助时也要评估对方的人品是否值得我们付出。

快睡觉的时候，同桌打电话给我，希望我能给他讲解下作业题。当时已经十一点了，我实在是太困了，就说明早到学校再给他讲解，他立马就说："这点小忙你都不愿意帮，我不也没有睡觉吗？你就是怕我成绩超过你。"说完他就挂掉了电话。我听后心里很委屈。

同桌跟我借钱去玩游戏，我认为他不该乱花钱，就没有借给他。他非常恼火，说："我又不是不还你，十块钱，至于这么抠门吗？"说完他就扭头走了，从此，便不再和我一起玩了。

同桌每次值日都让我替他做，有一次我没有替他做，他就很恼火地说："你为什么不替我做值日？有那么麻烦吗？"我当时就怔在原地，我对他并没有这个义务啊！

帮忙也有"边界感"

超出自己能力的忙，不帮

做人要量力而行，行善也同样需要把握分寸。如果是自己不擅长、超出能力范围的事情，不仅让自己压力倍增，结果往往也并不能让人如意。有句话叫作"达则兼济天下，穷则独善其身"，这就是告诫我们，帮人要适度，万万不可逞强。量力而行，才能帮对忙，帮好忙。

不被对方感激的忙，不帮

你费了很大劲帮忙，受助者却以为你是举手之劳，并不会感激，这种不被理解和感恩的忙，千万别委屈自己去帮。不要让自己的善良沾上灰尘，也不要让自己的真心被一次次践踏，这也是爱自己的体现。在帮助别人的时候，我们也需要考虑对方是什么样的人，是否值得自己去帮。

违背原则的忙，不帮

如果这个忙是违背了自己内心的意愿，或是打破了自己的原则底线的，那么就不要再去帮了。

与人交谈时，认真倾听对方**讲话**

　　我们经常会觉得自己的见解和观点更胜一筹，所以与别人交流时总想急于表达自己的想法和观点，不认真倾听对方的讲话，甚至还会抢话。

1 弟弟从来不专心听别人讲话，每次妈妈跟他说话，他总是打断妈妈讲话："哎呀，这些话不听我也知道呀！"最后他免不了被妈妈批评。

2 课间，同学们一起聊天，有的同学特想表现自己反应快、应对能力强，急于表现自己的与众不同，所以就急切地去抢话，但又说不到点子上，常常惹来哄堂大笑，场面很尴尬。

真不好意思。

3 很多时候，我们在听他人说话的过程中，并没有认真倾听，而是在等待对方把话说完，自己好开口说话。这种被动和不专注的状态，会让对方感到你并没有真正重视他们说的话。

认真倾听对方讲话，这样做

倾听时要专心、要有耐心，既不能冒然打断别人的话，也要有适当的回应。要表达出自己的真诚，既不能一味地反对，也不能一味地随声附和。若对方的语言中表现出负能量，等他发泄完，要给予正向的引导。

遇到不同的意见时，理性表达自己的观点，不批判别人，不指责别人，用真诚的话语分析，并给予合情合理的意见和忠告。

倾听别人说话，从中找到智慧的亮点。无论是否赞同对方的话语，都要让人家把话讲完，不要自以为是地抢话和压制对方。如对方有不符合逻辑的发言，可适当引导，但要尊重对方，让对方把自己的观点讲清楚。认真倾听对方讲话，不但可以从对方的话中学习到知识，还可以汲取一些有用的经验。

倾听是一种学习，也是一种修养，更是一种道德的提升。

遇事不指责他人，凡事多**体谅**

　　遇到问题时，很多人都会借此机会宣泄自己的情绪，揪着别人的错误不放，无限放大别人的缺点，这样既伤了别人的体面，也暴露了自己的狭小气量。这是人际交往中的大忌。

1 会操比赛时，我有一个动作没有跟上节拍，同学都说是因为我的失误才让班级丢了名次。如果真是这样，我真的好自责。

2 体育课上，我不小心撞到了同学，虽然及时道歉了，可同学还是没有原谅我，还说我走路不长眼睛。

3 班级大扫除时，我刚拖过地，小涛就不小心把作业本碰掉到地上了，作业本有几页湿了，他生气地大喊："是谁拖的地？太讨厌了。"我看着他生气的样子，觉得是在指责我，但这又不是我的错。

4 下课的时候，我把椅子往后推了一下，不小心碰到后面桌子，影响了同学写字。我连忙道歉。他说："没事没事，我擦了重写就好了。"

真是抱歉。

我擦了重写就好了。

遭遇无端指责，可以这样化解

1 不要有心理上的抵触，避免被对方的情绪牵着走，应把注意力放在对方所说的事上。如果对方说得对，就诚心接受；如果对方说得不完全对，就含糊接受，这样会让对方共情到你在听他说话，从而对方也会进行反思。

2 和对方探究具体事项，比如你觉得我的做法不对，到底是什么地方有问题，是想得不周全，还是没有把细节做好……这样不仅对事情的进展有帮助，更有助于维系关系，也对我们建立自尊有益。

我们可以学着应对批评和指责，并不代表我们可以去批评和指责别人。

不在背后说人坏话

在人与人的交往中，我们常常会听到一些关于别人的坏话，或许是因为嫉妒、不满，或许是因为误会、偏见。我们应该明白，在背后说别人坏话不仅是不道德的行为，还可能会给自己和他人带来一系列的负面影响。

背后说人坏话

容易破坏人际关系

当我们在背后说别人坏话时，不管是真是假，别人都会认为我们是不值得信赖的人，从而不愿意与我们建立深厚的友谊。如果我们所说的坏话传到了当事人的耳朵里，会引发矛盾和冲突，甚至可能导致友谊破裂。

不能解决问题

说别人坏话并不能解决问题，反而会使自己变得斤斤计较、愤愤不平。我们应该通过坦诚的交流，更好地理解对方的立场和想法，找到解决问题的方法。

总是背后说人坏话真的好吗？

他在我面前也是这么说你的。

避免在背后说别人坏话，可以这样做

1 学会换位思考

当我们想要批评别人时，先想一想如果自己处于对方的位置会有怎样的感受。这样可以让我们更加理解他人，减少不必要的指责和抱怨。

2 保持良好的心态

用宽容和善良的心对待他人，不要总是挑剔别人的不足，而是多发现他们的优点和长处。

3 提高自己的沟通能力

当我们与他人产生矛盾时，要学会用合适的方式表达自己的观点和感受，避免使用过分的语言和做出过激的行为。

当我们遇到问题时，要学会积极沟通和解决，而不是通过说坏话来发泄情绪。